JN409238

물망초

松波 高錫元 第 15 詩集

엠-애드

열다섯 번째 시집을 내면서

새 시집을 낼 때마다
가족들의 시는 젖혀놓고
뒤로 미루다보니,

이젠 언제 시가 끊길지도
모르는데 더 이상
미룰 수만은 없어

제15집부터는
가족에 대한 부끄러운 시도
발표하기로 했습니다.

언제나 그랬던 것처럼
이번에도 시60편을
[물망초]시집에 담아

나와 내 시를 사랑하는
독자님들께
두려운 마음으로 바칩니다.

2013. 3. 30.
저자 松波 高錫元

Contents

차례

2부 화엄사 가는 길에

3부 억새야!

4부 달아!

5부 내 고향 역멀

물망초

물망초

이젠 그만 당신을
미련 없이
떠나 보내드리려고,

하얀 물망초
꽃 배위에
고이 태워서,

가시리 강가에 나가
머언 바다로 보내놓고
집에 돌아와 보니,

아, 강물 따라 떠난 사람
어느새 내 가슴에
먼저와 자리 잡고 있네!

영산홍 피면

영산홍 피면 오신다는 님
영산홍은 아직
꽃도 맺지 않았는데…

우리 님은 영산홍만 피면
오신다고 굳이 고집하시니
나 그간 우리 님 보고파 어이할까?

영산홍아! 영산홍아!
울 어머니 사다 심은 영산홍아!
어서 좀 빨리 피어다오.

니가 피어야만
우리 님이 오신단다.
선녀마냥 예쁘게 꽃가마 타고
우리 님이 오신단다!

난 당신이 좋아

그대가 내 책갈피 속에 끼워주고 간
코팅 된 쪽지 한 장!

〈난 당신이 좋아〉란 그 한 말이
왜 이다지도 나를 달뜨게 하는 걸까?

세월이 아무리 흐르고 바뀌어도
줄기차게도 그 쪽지 한 장이

내 맘 깊은 곳을 꽉 움켜잡고 있으니
그 연유(緣由)는 정말이지 나도 몰라라!

벽장 속 그 사람

그 어느 해이었던가
그 사람은 여름휴가를 받았다며
희열에 가득 찬 얼굴로 내게로 왔습니다.

우리는 남의 눈에 띨세라
얼른 내 방에 들어가 문을 잠그고
조마조마 가슴을 조이며 속삭였습니다.

외출할 때는 벽장 속에 숨겨두고
그러면서 3박4일을 그렇게 숨어서
우리는 숨 가쁜 사랑을 했습니다.

벽장 속에 숨겨두고 가슴 조이던 사랑!
아무리 세월이 흐른다 해도
아, 나는 그 사람을 차마 잊을 수는 없습니다!

너는 지금도 기억하고 있는지 몰라.

너는 지금도 기억하고 있는지 몰라.
백리 길 번영로에 벚꽃이 만발하던 날!

탁구대도 없이 집 마루에서
너와 나 둘이서만 탁구를 치던 일을…

탁구치기가 끝나고 빨간 수밀도 볼을
너는 부지런히 손부채로 부치고 있었는데,

그때 네가 어찌나 예쁘고 사랑스러웠던지
나는 너를 업고 집 모퉁이를 돌아가고 있었지?

레깅스

그 사람 오늘은 웬 일지
싹 달라붙은 레깅스에다
초 미니스커트를 차려 입고 왔네.

그러잖아도 예쁜 사람이
하도 멋지고 예뻐 보여서
멋지다고 칭찬을 좀 해주었더니,

그 사람은 이뻐게 봐줘서 고맙다며
싱글벙글 그 예쁜 입을
좀처럼 다물지 못하고 있네!

그 사람 웃는 모습을 보니
아, 나도 덩달아 정말
이다지도 기쁠 수가 없습니다!

눈도장

나 오늘은 운이 좋았나!
그 사람을 이렇게
가까이서 보게 되다니?

꼭 하고 싶었던 말!
사람을 보면 좀
아는 체라도 해야지…

그 사람은 바빠서 그랬다며
앞으로는 눈도장이라도
꼭 찍겠다고 하네!

아, 눈도장!
아직 말만 들었는데,
이다지도 가슴이 설레는 걸 보면,

아마도 나는
그 사람을 참말로
좋아하고 있는지도 몰라!

봄비 내리더니

어젯밤 내내 봄비 내리더니
오늘 아침 어찌나 펑펑 음이온이
쏟아지는지 입을 크게 벌려
심호흡을 하며 대문 밖엘 나가보니…

바로 옆집 건너 용화산자락
하얀 꽃 아카시나무들
밤사이에 몰라보게 달라져
흰 물결 바다를 이뤘는데,

앞밭머리 연초록 부추들
수정 같은 작은 물방울
조심조심 보듬은 모습이
어찌나 아름답고 깜직스럽게 예쁜지

나만 보면 살포시 웃어주는
로코코 삼단 원피스 차림의
조신하고 귀여운 그 사람 모습이
또 아련히 떠오르는구나!

그 사람이 더 좋습니다.

내가 누구하고
마주 서서 웃기만 해도

얼굴빛이 금세 달라지며
삐지기를 잘 하는 사람!

그 사람은 나를
항상 감시하고 있지만,

그래서 나는 그 사람이
진정 더 좋습니다.

오히려 더 예뻐만 보였습니다

내가 당신 옆자리에 가서 앉던 날!
날을 보며 좋아하던 당신 모습이
너무나도 더 없이 맑아만 보여서,

난 그 때 농담처럼 진담을
'날 좋아하는 사람 곁으로 가야지!'
그렇게 말을 하였었지요.

당신은 수줍어 어쩔 줄을 모르면서
꼭 애기마냥 얼굴이 빨개져
웃음 덩어리가 되어 있었지요.

수줍어 말한마디
일부러 딴 곳만 바라보고 있었으니,
오히려 그게 더 예뻐만 보였습니다.

호박꽃 당신

당신은 내게 편안한
호박꽃으로 오셨습니다.

백합화나 장미처럼
아름답고 찐한 향기는 없어도,

양귀비마냥 요염하고
화사한 자테는 아니어도,

당신에게는 편안하고 넉넉한
꽃방이 있어 좋습니다.

2부
화엄사 가는 길에

화엄사 가는 길에

화엄사 가는 길에
잠시 천은사를 들러
예 찾던 계곡을 다시 찾아갔더니,

님과 업어주기 내기를 하면서
같이 놀던 그 넓적바위도
덩그러니 물위에 솟아있고,

지리산 맑은 물도 굽이굽이
감돌아 휘돌아 여울져
예처럼 그렇게 흐르는데…

그런데 계곡은 그 사람 하나 없으니
어디를 가도 썰렁하니 너무나도 낯이 설구나!
왜 새 소리 물소리까지도
다 내 귀에는 구슬프게만 들리는 걸까!

친구

당신은 언젠가 내게 이런 말씀을 하셨지요.
우리 친구로 지내자고…
나는 당신의 제언을 일언지하에 거절하고
다시 만나지도 않았었지요.

내가 그때 거절한 것은 친구보다도
더 가까운 사이로 지내고 싶어서 그랬는데,
내 생각이 짧았어요.
부담 없는 친구가 더 좋다는 걸 이제야 알았어요.

외로울 때 전화하고
힘들 때 만나서 넋두리를 털어놓고,
그러면서 위로도 받고
오명 가명 그렇게 사는 친구가 더 좋다는 걸.

사람은 누구나 다 살아갈수록
더 외롭고 힘들어만 지는데,
아무리 둘러봐도 전화할 사람이 없어요.
우리 친구로 그렇게 살아요.

진달래 필 때마다

앞산에 진달래 필 때마다
내 가슴 이렇게 설레는 것은

그대 그렇게 한 번 가셔서
다시는 돌아오지 않고 있지만,

그대는 아직도 내 안에 남아
나와 함께 계시기 때문이겠지요.

십년이 가도 또 십년이 더 간다 해도
나 지금까지처럼 그렇게 살렵니다.

콩강정

당신의 섬섬옥수
예쁜 손으로
손수 빚어 만든 콩강정 한 상자!

내 책장 안에 고이 감추어 놓고
하루에도 몇 번씩 꺼내어
맛만 보고 다시 넣어두는 것은,

그 강정 볼 때마다
당신의 아름다운 모습이
아련히 떠올라서,

나 혼자 있어도
진정 외롭지 않고
이다지도 행복할 수가 없기 때문입니다.

볼우물 2

나 그동안 그 사람에게
볼우물이 있는 줄은
진정 까맣게 몰랐는데…

시집 한 권을 주면서
오늘에야 비로소
그 예쁜 볼우물을 보았네!

잠시 몇 마디 나누는 사이에도
그 보드랍고 고운 얼굴을
볼우물이 어찌나 살 속 깊이 파고드는지

그러잖아도 예쁜 얼굴이
볼우물이 있어 보면 볼수록
매력이 철철 흘러내렸습니다.

당신 옆에만 있으면

당신은 오늘 지나가는 길에
잠간 들렀다면서
우리 집에 오셨습니다

시간이 없다 시며 한 참이나
방에도 들어오시지 않고
밖에서 서성이다가 들어오셨지요.

당신이 오실 줄은 꿈에도 몰랐는데
날 보고파 오셨나 생각하니
이다지도 좋을 수가 없었습니다.

난 당신 옆에만 있으면
일천근심이 다 봄눈 녹듯 사라지고
이렇게 평안할 수가 없답니다.

변하는 건 싫어요.

전번에 오셨을 때도
그러하시더니만
이번에 오실 때도 그대는
빨간 장미로 오셨습니다.

나는 그동안 그대가
코스모스처럼
야들야들 보드랍고
순하게만 보여서 참 좋았는데,

언제부턴가 그대는
야하게 향이 넘치는
빨간 장미로만 오시니
내게는 그게 너무 부담이 되고,

왜 그런지 그대가
낯설게만 보여서 좋지 않습니다.
그대가 변하는 건 싫어요.
그전처럼 야들야들 그렇게만 있어줘요.

수진씨

나는 오늘 새 시를 써놓고
좋아서 춤을 추었습니다.

내 시를 읽을 때면
마음이 편해진다는 수진씨!

내년 봄 새 시집을 낼 때
오늘 쓴 시도 같이 내면

수진씨 얼마나 좋아할까?
생각하니 더 신이 났습니다.

딴전

얼마나 애 써 이룬 잠인데
무슨 좋은 일이라도 생긴 것처럼
나를 흔들어 깨워놓고는
왜 아무 말도 없는 게요.

오늘밤은 행여
무슨 좋은 일이라도 있나하고
은근히 기대했는데…

그런데 왜
곤히 잠든 사람 깨워놓고는
어영부영 아무 말도 없이
딴 전만 피우는 게요.

나
원
참

옥산우체국에 갔다가

옥산우체국에 갔다가
박옥선 국장님이 보이지 않아
서운해서 물어보니
네 바로 옆에서 대답을 하네!

나를 보고 그 특유한 눈웃음을
살 살 흘리며 어찌나 반가워하는지
우울했던 기분이 확 풀리면서
나도 덩달아 눈웃음이 삐져나왔네!

악수를 하며 모습을 살펴보니
팔랑이는 짧은 치마 속에 받쳐 입은
검정 바지가 하도 예뻐서 물어보니
쫄바지란다!

아, 국장님!
오늘 보니 책상에만 앉아있는 것보단
가끔 내려오셔서 눈웃음만 처 주셔도
옥산우체국엔 손님이 쏟아지겠습니다 그려!

당신을 볼 때마다

당신은 볼 때마다 표정이 없어 보여
나는 여직껏 당신은 내게 정말
아무런 관심도 없는 줄로만 알았습니다.

그래서 항상 내 마음도 찝찝했는데…
그런데 오늘 당신은 내게
불쑥 이런 말씀을 하셨지요?

'선생님 집 옆에다 집을 짓고
오명 가명 그렇게 살고 싶은데
살 땅이 없더라고요.'

그 말씀을 듣는 순간 내가 더 좋았던 것은
당신이 내게 얼마나 많은 관심을
가지고 있나 알았기 때문이었습니다.

억새야!

억새야!

용화산 자락 하얀 머리 억새야!
널 눈여겨보고 있노라면
너도 참 어지간히 딱하구나!

몸마저 푸석해가지고는
언뜻하면 너는 어디론가 멀리
떠나고만 싶어 몸부림을 치고 있으니…

흰 눈 저렇게 흩날리고 있는데,
어디 가면 누가 널
얼싸안아 반겨준다고…

너라고 그걸 모를 인 없을 텐데,
그래도 그렇게 몸부림을 치고 있으니
보기에도 참 안쓰럽구나!

주목나무

내 서재 맞은 편 남쪽 정원에
주목 한 그루를 심어놓고
강산이 네 번이나 변하도록
그냥 전지나 해주며 그렇게 살았는데…

겨우 발목만 내놓고 서있는
긴 통치마 주목이 어찌나 답답하고
시대에도 맞지 않게 촌스럽게만 보이는지
오늘은 큰 맘 먹고 대 수술을 했네.

조심조심 옷을 벗기다 보니
허벅지가 불쑥 나와 버렸네!
어찌나 시원스런지 보기에 너무 좋아서
하나하나 계속 벗겨나가다 보니

앗차! 이거 너무 심했나?
엉덩이까지 다 나와 버렸네!
이 걸 다시 붙일 수도 없고…
아내는 버렸다며 되게 구시렁거리지만,

그래도 내 눈에는 우중충 통치마보다야
좀 야하긴 해도 시원스럽게 쭈~욱 뻗은
긴 다리 또옴방 치마가
백배나 더 아름다우니 참 좋구나!

풀 꽃

어디에나 지천으로 깔려있는
담배초 풀꽃을
대문밖에 나가 한 아름 꺾어다
백자 항아리에 푸짐하게 꽂아 놓았더니,

아내가 보고는 무슨 꽃이
저렇게도 이뿌냐며 감탄을 하는데,
마침 집에 들른 막내며느리도 보고는
야생화가 너무나도 예쁘단다.

장마철 어디서나 볼 수 있는
천대받는 잡초 풀꽃도 별난 꽃처럼
예쁜 백자 항아리에 꽂아서
멋진 소반 위에다 연출해 놓았더니,

보는 이마다 세상에 무슨 꽃이
저렇게도 품위가 있고
예쁘냐며 칭찬들을 하고 있으니...
그래, 연출이 최고야! 연출이!

노랑 할미새

장안산(長安山) 노랑 할미새야!
이 넓은 세상 다 놓아두고,
왜 하필이면 창문도 없고
천장도 없이 혼자 사는
산림거사 거실에 들어와

서까래에 둥지를 둘씩이나 틀어놓고
새끼까지 다섯 마리나 처 나갔느냐,

너희들은 의식주 걱정 없으니
명퇴 걱정도 눈치 볼일도 없어
훨훨 날아다니면서
자유스럽게 사는 줄만 알았는데…

알 품을 자리마저도 없어서
맘씨 좋은 산림거사 방에까지 들어와
집 서까래에다가 둥지를 틀었느냐?

먹고 살 걱정 없어도 너희나 우리나
불안한 건 매한가진가 보구나!

동상이몽(同床異夢)

"제일 좋은 놈으로 들여야지!
우리 까탈스런 장로님
맛있게 잡수시라고"

"입맛 까탈스런 걸 어떻게 알어?"
"생긴 것 좀 봐.
물 찬 제비같이 쪽 빠졌잖아아~"

대야 장 덜렁이(?) 권사님한테
아내가 동태 한 마리를 사면서
둘이 내 흉을 보며(?) 주고받은 말이라는데…

아내는 까탈스럽단 말이 후련해서(?)
나는 물 찬 제비란 말이 좋아서
우리부부 장에 갔다 와서 한바탕 크게 웃었네!

억지

그대 정말이지 시집 같은 건
절대로 안 간다고 하시더니

나보고 중매를 서라시니
왜 이젠 마음이 변했습니까?

그런데 나 같은 사람이
나 말고 또 어디 있다고

나 같은 이만 고집하시니
그럴라면 아주 나를 대려가시오.

땅콩을 캐면서

닭장 옆에 심어놓은 땅콩을 캐면서
지렁이 굼벵이만 나오면
나오는 대로 닭장에 던져주었더니,

날쌘 놈 하나만 독식을 하고
딴 녀석들은 어쩌다 운이 좋으면
맛이나 보아서

철망뒤쪽으로 던져줬지만,
그것도 날쌘 녀석이 번개같이
쫓아가서 차 먹어버리니,

고 녀석은 너무 먹어
밥통이 한쪽으로 틀어지고
터질 듯 빵빵한데,

다른 닭들은 배가 고파
뒷전에서 항상 먹는 주만미*만
콕콕 쪼아대고 있다.

풍요 속의 빈곤이란 말은
사람들 세계에만 있는 줄 알았는데
먹고사는 세상에선 어쩔 수 없나보다.

* 주만미: 방앗간에서 정미를 하기 전 매를 갈 때 청치를 따로 주머니에 받아서 닭 사료로 하는데, 이걸 주머니 쌀이란 말 대신 군산지방에선 주만미라고 한다.

해망동 어시장에서 2

해망동 어시장에서 꽃게를 사는데,
착하게만 보이는 젊은 아줌마가
옆에서 날 보며 계속 미소를 흘리기에,

나도 아줌마에게 은근히 정이 가서
한 번 말이라도 건네 볼까 망설이고 있는데,
아줌마가 먼저 말을 걸어왔네!

아저씨 좋은 걸로 참 잘 사셨어요.
그래서 저 이쁜 아줌마가 딸이냐고 했더니
엄마도 딸도 다 웃음덩어리가 된다.

세상에 웃겨주어서 뺨때리는 사람 없고
예쁘단 소리 듣고 화내는 사람 없다고 했으니
나 이제부턴 이쁘단 칭찬만 하면서 살아야겠네.

호박죽

해마다 겨울이 오면
호박죽을 쑤어 옴박지에 담아놓고,
'나는 호박죽이 좋다.' 시며
호박죽만 즐겨 드시던 할아버지!

쌀이 금처럼 귀하던 시대에
당신은 쌀밥 대신 푸성귀에
호박죽을 드시면서도,

설 추석 양 명절엔 쌀가마 풀어놓고
근동 무농가(無農家) 찾아다니시며
기민을 주시던 할아버지!

그런 할아버지 계셨기에 우리가족
6.25사변 때도 무사했으니
우리할아버지 정말 감사합니다.

참옻나무

옻이 몸에 좋다고 해서
참옻나무 다섯 그루를 사다가
앞밭머리 귀퉁이에 심어만 놓고,

옻이 오를까 두려워 조심조심
어쩌다 한번 씩 다가가서
풀이나 매주고 팽개쳐버렸는데…

올가을엔 주황색 단풍이
너무나도 곱게 들었으니
옻나무야 너는 고맙기도 하구나!

단풍 아니더라도 너는
두고두고 살면서 내게
네 몸 다 바쳐 충성을 다 할 텐데 말이다.

귀뚜리 2

귀뚤귀뚤 귀뜨르르 귀뚤귀뚤…
네 울음소리가 하도 크고 요란스러서
나는 네가 바로 내 머리맡에서
고함을 지르며 우는 줄만 알았구나!

상강 소슬바람 불려면 아직도
자그마치 삼 삭이나 남았는데…
무슨 사연 있어 이다지도 큰 목소리로
요란스레 울어대서 내 꽃잠을 깨웠느냐?

사노라면 벼라 별 일 다 생기는데
그때마다 너처럼 그렇게
소리를 지르고 발광을 한다면
너 말고라도 네 주변이 얼마나 힘들겠느냐?

이 불쌍한 귀뚜리야!

겨울 장닭

닭 열 마리를 사다가 망을 처 놓고
별 신경을 쓰지 않고
그냥 그렇게 놓고 키웠는데

올겨울엔 유난히도 춥고 눈도 많이 오니
암탉들은 그런대로 견뎌내는데
장닭은 겨울 내내 제구실도 못하고

암탉둥우리 속에 들어가
밤낮 앉아만 있다가
그만 앉은뱅이가 되었으니…

내 죄가 너무나도 크구나.
올봄에는 어떻게 해서라도
내 손수 닭장 하나 만들어주마.

그래도 나는

하도 바쁘고 힘이 들어서
작년 한 철 모르쇠 했다가
며느리미징게 새싹을 보고서야
걱정이 되어 밭에 나가보았더니,

삼십년 수형을 잡아가며
정성들여 가꿔놓은 내 소나무가
노란 빛을 띠우며
임자도 없는 나무같이 망가져가고 있네.

겨울에는 걸리지 않는 감기가
해마다 소나무 일 철만 되면
봄여름 한 번씩 거쳐 가며
나를 몹시 힘들게 하지만,

나의 한 세대를 바쳐
길러놓은 내 소나무들을
이제 와서 버릴 수는 없으니
그래도 나는 어쩔 수가 없습니다.

외계인(外界人)

봄 가뭄이 계속 들어서
오늘 마늘밭에 물을 주고 있는데,
동네 아줌마가 지나가면서
모레 비가 온다고 알려준다.

우리는 TV를 잘 보지를 않으니
세상 돌아가는 걸 모르고 산다.
그래서 뉴스라도 보자고 하여
9시 종합뉴스를 보려고 하지만…

아내는 'TV 봐야 좋은 말은
하나도 없고 나쁜 말만 듣는데
그런 말 안 들어야 좋지 뭐.' 하며,
우리가 잘 하는 거란다.

"허기야 그려! 모르고 사는 게 좋지!
정치하는 사람들(지배인)이 볼 때,
잘하느니 못하느니 사사건건
잡고 늘어지는 사람들보다
우리 같은 우민(愚民)이 얼마나 이뻐겠어?"

달아!

달아!

달아!
우리교회 김권사님 얼굴같이
동그란 달아!

너는 언제 봐도
예수님 같이
한결같아서 좋아!

나만 보면
항상 웃어주어서
더더욱 좋아!

당신들이 오시던 날

싱싱한 백합화 한 다발에
보랏빛 공작 한 아름을 안고
당신들은 오늘
우리 집에 오셨습니다.

당신들이 오시자마자
목이 말라 타들어가던 땅에
단비가 흡족히 내렸으니
당신들은 복도 같이 안고 오셨습니다.

헤어질 때 비오는 차창 안에서
아쉬운 손을 흔드는 당신들의 모습은
열일곱 소녀들의 모습
바로 그 거였습니다.

어린 시절로 다시 돌아간 기분이었다며
당신들도 무척이나 좋아들 하셨다지요?
우리도 당신들을 보내놓고
오늘 우리 집에 천사들이 오셨다며 좋아했답니다.

아내의 믿음

젊었을 때 아내는 나에게
하나님 다음으로 세상에서
나를 제일 사랑한다고
사랑 고백을 곧잘 하곤 했었는데,

그 때 난 교회에 나가진 안했어도
그 걸 당연한 걸로 받아들였지
조금도 불평한 일이 없었습니다.

지금도 젊어서보다 내가 더 좋지만
하나님보다는 못하다고 하니
나 오늘에야 아내의 믿음이
나를 살렸다는 걸 깨달았네.

만일 아내가 하나님 보다
나를 더 사랑했다면
질투의 하나님이 나를 지금까지
세상에 놓아두질 않았을 것이란 걸.

지천명(知天命)

내가 어렸을 때 예배당엘 가면
할아버지는 조상 제사도 드리지 못하게 하는
예수교는 믿어서는 안 된다고
내게 누누이 말씀하셔서,

나는 할아버지 말씀대로
예수를 믿지 않고
해마다 할아버지 제사를
정성 드려 지내곤 했었는데…

내 나이 지천명*에
가까워서야 다행히 나도
하나님 뜻(天命)을 알게 되었으니…

제사를 지낸다고 할아버지가
오셔서 잡수시는 것도 아닌데…
돌아가신 할아버지 제사 때문에
살아서 역사하시는 하나님과
담을 쌓고 살 수는 없다는 걸…

*지천명(知天命): 공자가 50세에 天命(인생의 의미)을 알았다는 데서 유래된 말

희순이

진돗개 한 마리를 선사 받았는데,
어찌나 순하고 복슬복슬 예쁘게 생겼는지
내게 기쁨을 주어서 이름까지
희순(喜順) 이라고 지어주었는데,

알레르기 체질인 아내마저도
예뻐해 주어서 그러는가
우리 집을 방문하는 사람마다 다들
강아지가 예쁘다고 칭찬들을 한다.

주 전도사님은 강아지 광(狂)이시니,
희순이만 보면 호들갑을 떨면서
희순이를 안고 입을 계속 쭉 쭉 맞추시며
희순이가 꼭 장로님 같이 생겼단다!

아이고!
나, 참!
정말
나는 안 본 걸로 해주시오!

그 여인

당신은 오늘도 우리 집에 오셔서
언제나 그런 것 마냥 오늘도
무릎을 꿇고 얌전히 앉으시며
타올로 허벅지를 감추었습니다.

말이 가린 것인지
실은 허벅지보다도 더 아름다운
엉덩이는 뒤로 다
들어 내놓은 꼴이 되었으니…

아, 당신은 언제나 보아도
참 아름답고 멋있습니다!
내놓은 걸 보는 것보다야
숨긴 걸 보는 게 더 좋으니까요.

성경말씀 잠언서에도
있지 않습니까?
'도둑질한 물이 달고,
몰래 먹는 떡이 맛이 있다. ' 고…

밤꽃 향기

올해도 앞산 밤꽃은
저렇게 흐드러져
그러잖아도 허전한 내 맘을
연일 이다지도 아프게 하는데,

아내에게 다음 주 오실 때는
용화산 밤꽃 향기라도
한 아름 안아다 달라했다던
권사님을 생각하며 혼자 앞산에 올랐더니…

밤꽃은 옛날 그대로 인데
아무리 다시 더듬어 봐도
이 밤꽃 향길 함께 맡으며
같이 좋아할 사람은 없으니…

에라, 모르겠다!
이 밤꽃 향길 몽땅 다 안아다가
권사님께나 드리면 권사님
이 향기 맡으시고 얼마나 기뻐하실까?

케이 팝(K-Pop)

오늘 쓴 글이 너무나도 마음에 들어
지금 아이들이 좋아하는
케이-팝을 흉내 내다가
아내한테 그만 들키고 말았네.

얼마나 웃겼던지
몰래 숨어서 훔쳐보던 아내가
참다 참다못해 끝내
폭소를 터트리고 말았으니…

아내는 배꼽을 쥐고
대굴대굴 한 참이나 뒹굴면서
오래간만에 웃었더니
당장 만병이 사라졌다며 호들갑을 떨고 있네.

하나님은 참 별난 방법으로도
사람을 웃기시고
그 좋은 웃음을 통해서
만병을 다 고치시고 계십니다 그려!

우리 어머니

우리 어머니 어렸을 때
외할머니가 밭을 매시면 죄송해서
그늘에 앉아있을 수가 없어
뙤약볕에 나가 밭을 다 매실 때까지
일부러 땀을 흘리고 있었답니다.

열일곱에 시집오셔서는 여자는 출가외인이라시며
시부모님을 친부모님보다도 더 섬기며
12남매를 낳아 6남 3녀를 키우셨는데…

굶주리는 이웃집 애기가 울면
담 너머로 밥도 깜밥도 넘겨주시고,
걸인과 겸상을 하시며 살았으니…
하나님의 약속하신 복을 받아,

한평생 병원을 모르고
아흔 세 살 돌아가시기 석 달 전까지
텃밭에 나가 채소를 가꾸시고
손빨래를 하시며 살았습니다.

풋밤

알밤을 주우러 앞산에 올랐다가
산길이 막혀 돌아오다 생각하니
맨손으로 집에 갈 순 없어서…

잡초를 헤치고 다시 산에 들어가서
장대로 밤 한 숭어리를 따서 까보니
알 밤 세 톨이 나왔네!

다 익진 않았어도 고물은 찼는데…
아직 풋밤이어서 하나만
따가지고 그냥 돌아왔지만…

그래도 첫 열매니 가운데 큰 놈은
아껴놓았다가 목사님 갖다드리고
양쪽 둘은 우리 내외 하나씩 나눠먹을 꺼나?

고양이

난 짐승은 싫어하지만
그래도 고적함을 달래려
새끼 고양이 한 마릴 얻어다
함께 지내며 귀여워 해 주었더니만,

요놈은 시도 때도 없이 같이 놀자며
잠든 내 몸을 긁어대고
밥상에 올라 버릇없이 굴어서
한 번 꾸짖어 주었더니만,

고양이는 그만 토라져서
수수 함지박에 들어가
배설물을 마구 싸 놓고
계속 심술을 부리고 있다.

참다 못해 밖으로 내 쫓았더니,
하필이면 내 침실 창문 아래서
하염없이 고래고래
소리를 지르고 있는데,

그 소리가 어찌나 귀에 거슬리는지
거실로 피신을 했더니만,
이젠 빤히 보이는 현관 유리벽에 와서
날 응시하며 성토한다.

그만 두 손 들고
문을 열어 주지만
고양이는 들어오지도 않고
계속 성토만 하고 있으니...

성경에도 매를 아끼는 자는
그의 자식을 미워함이라. 하였으니
내가 고양이를 오냐오냐 길렀더니
고놈한테 지금 벌을 받고 있구나!

내 고향 역멀

자화상 2

요 며칠간 또 과로를 해서
오늘 아침엔 밭에 나가지 않고
쉴 겸 방에서 글을 쓰고 있노라니,

나도 모르게 왼쪽 코에서
더운 피가 몇 방울 떨어지다가
제멋대로 그친다.

노동보다도 더 힘든 글을 쓰면서
쉬는 틈을 타서 글을 쓴다면
지나가는 소가 웃을 일이지…

그래도 나는 내 한평생을
그렇게만 살아왔다.
고3 때도 일하면서 공부를 했으니 말이다.

내 고향 역멀

저녁 해 설핏 고봉산 마루에
풍선처럼 벌건히 걸릴 때쯤 되면
명재네 암소 고개를 처들고
하늘을 향해 새끼 찾아 음무~ 음무~ 울고,

우물가 아낙들 지절대기 시작하면
비틀비틀 소녀 세희도 어김없이
흔들흔들 물지게를 지고
고개를 베틀이고 우물가로 나왔는데…

반잠뱅이 나도 아이들 소리로
왁자지껄한 샘 거리에서 신나게
제기차기를 하고 땅뺏기 못치기
팔방 놀이를 하면서 같이 놀고 있었지만…

새침데기 연상의 소녀 세희는
눈길 한번 마주치지 않았어도
빨강 댕기머리도 하얀 광목적삼도
물에 흠뻑 젖어 더 예뻐만 보였습니다.

추억의 수업시간 2

1982학년도 3월 어느 월요일
월요병 말고라도 그날따라 유난히도
몸도 맘도 찌뿌 듯 짜증스럽기 그지없던
군산월명여중 3학년 수업 첫 시간!

출석점호가 끝나고 막 판서를 하려고 돌아서니
아이들이 일시에 와~하고 웃어댄다.
왜 웃느냐고 물어봐도 대답은 않고
학급은 와~ 와~ 웃음으로 난장판이 벌어졌네.

나는 당황하여 엉덩이도 만져보고
여기저기 앞뒤를 살펴보았는데…
그때마다 아이들은 와~ 와~ 웃어만 대고
내 얼굴은 점점 더 빨개져만 갔으니,

맨 앞자리레 앉아있는 녀석이 민망스런 표정으로
입에 손을 얌전스럽게 대고 가만히 '선생님 마지가'
그 말을 듣는 순간 난 뒤도 안 돌아보고
얼굴이 빨개가지고 교실을 도망치듯 빠져나왔으니…

아이들은 책상을 두드리며 대굴대굴 뒹굴고
교실은 야단법석 난장판이 되었는데…
숙직실에 와서 살펴봐도 아무 이상이 없다.
그제 야 나도 벌떡 혼자 누워 웃음을 터뜨리고 말았네!

요강

TV가 귀하던 1973년 봄 토요일 어느 날
하얀 칼라 단발머리 중3 여학생 셋이서
선생님 집을 방문하여
선생님과 함께 연속극을 보다가,

선생님이 그만 잠이 들자
그 중 한 소녀가
방에 요강을 들여놓고
조심스레 볼일을 보고 있었네.

이때 선생님이 자다가 몸을 뒤척이니
소녀는 마음이 다급해져
어찌나 쎄게 힘을 주었던지
쌩 방귀까지 함께 터져 나왔으니,

그 소리가 어찌나 요란스러웠던지
선생님이 깜짝 놀라 벌떡 일어나
이게 뭔 소리여?
소녀는 요강에 앉아서 지금 볼일을 보고 있는데…

아내

우물물이 뒤집힐 때
그 물을 길어다가
한 사발씩 마시면
위장병이 낫는다며,

무서운 줄도 모르고
아내 혼자 한밤중에
웃시암에 달려가서
초조하게 기다리다

우물물이 뒤집히면
그 물을 길어다가
한잠 자는 나를 깨워
먹여주던 아내가

이제는 나이 드니
콧대가 쎄어졌나
바로 옆에 있는 물도
집어주지 않는구나!

카네이션

올 어버이날엔 초등3년생
늦둥이 손자 형문이가
제 용돈을 털어서
카네이션 화분 하나를 사왔는데,

제 어미는 또 늦둥이 자랑을 늘어놓는다.
잔뜩 신바람이 나서…
세상에세상에 말이요~
형문이가 꽃을 사는데 말이요~

가슴에 채워드리는
꽃 한 송이를 사라했더니 말이요~
할아버지 오래 오래 두고 보시라고~
화분으로 사야한다고~ 하더라고요.~

꽃집 아저씨가 형문이를 말이요~
어찌나 칭찬을 하는지 모르 것 당게요~
호들갑은 떨었어도 듣기엔 좋았으니
꽃보다 예쁜 손자를 칭찬하는 소리여서 그런가!

정년퇴임 2

주일 아침 쏘파에 묻히어 멍하니 천장을 바라본다.
늦가을 낙엽 지는 소리만 들릴 뿐 집안은 고요하다.
어디선가 닭 우는 소리 들린다.
전화벨이 울린다.
아내가 와서 받는다.
막내며느리 정숙이와 내일 있을 선친 추도예배를
상의하고 있나보다.

문득 돌아가신 아버지 생각이 난다.
겨울방학이 되면 방아감이 들어올 때마다 하루에도
수도 없이
노기 띠신 할아버지 심부름으로 아버지를 찾아 투덜투덜
구렁너머 오복이네 집으로부터 시작해서,
분치동 하나꼬네 집, 흘레미 삼거리주막집을
차례로 찾아다니던 어릴 제 생각이 떠올라 웃음이 나온다.

열시 괘종이 울린다.

도치가 짖더니 이장이 와서 종토세 고지서를 주고 간다.

정년퇴임을 한 요즘도 나를 짓누르는 것이 많으니,

다달이 날아드는 고지서에다 매일 쏟아지는 우편물들이다.

살림 따라오나 보라면서 달아났다는 옛 사람의 말이 생각난다.

수제자

1975년 내가 가르친 중3 이희성군은
전주고에서도 평균 98점으로
전교 수석이었는데,
서울대 건축학과를 나와 대우건설에 입사한 후

이대 수학과를 졸업한 서은숙양과
결혼하여 1남1여의 아버지로
가정과 회사만을 알고 사는
신실하고 겸손하기 그지없는 대우건설 상무이사.

제자들 중에 희성군보다도
더 높이 된 사람 많지만
내가 희성군을 굳이 수제자로
생각하고 특별이 믿고 좋아하는 것은,

스승의 은혜를 잊지 않고 지금까지도
그의 처와 함께 찾아다녀서도 그렇지만
그보다도 더한 것은 사람 됨됨이
너무 순진하고 보기 드문 효자이기 때문이다.

*주: 1970년대의 대도시 고등학교는 평준화되어서 수재들이 지방으로 모여드는 바람에 전주고등학교에 들어가기란 하늘의 별 따기였다.

대추

우리 집 대추나무는 벌레가 타서 죽고,
옆집 제수(문정애)씨가
시숙님 잡수시라고 대추 한 바가지를
따와서 오래두고 먹었는데,

제수씨는 내가 좋아하는 신토불이만
주신다고 칭찬을 했더니만,
이번에는 마른 대추 한 바가지를
전보다 더 많이 퍼오셨네.

산타기를 좋아하시는 부지런한 제수씨는
이것 말고도 산밤도 가져오고
시숙님이 좋아하신다며
마른 고사리도 한 뭉치를 가져오셨으니,

우리 집 희순이도 제수씨 오시면
짓지를 않고 꼬리만 훼 훼 친다니
형제간 우애가 별것이겠습니까?
바로 이런 거겠지요. 제수씨 감사합니다.

마늘밭 콩

오늘은 별미 마늘밭 콩밥을 했다고
경로당에서 오란다며 아내한테서
걷기운동을 하는 나에게 전화가 왔네.

아, 낯익은 이름 마늘밭 콩밥!
어릴 제 먹던 걸 다시 먹게 되다니
잔뜩 호기심을 가지고 먹어본다.

씹히는 맛이 서리태보다
포근포근 순하고 고소한 맛이
옛날 고향 같이 포근해서 좋아라!

오늘 당장 옆집 동생네 집에 가서
마늘밭 콩 씨를 얻어다가
우리도 앞밭에 많이 심어야지!

나이 먹고 늙어가니 하루하루
먹고사는 것이 왜 이다지도
신경이 쓰이면서도 좋은지 몰라.

아마 생명이 너무너무
소중하다는 것을 이제야
늦게라도 알았기 때문 일거야.

여천 숙박단지에서

−2008년 5월−

전남 여천에 새로 생긴 숙박단지
바로 앞엔 청정 남해바다가
꼭 잔잔한 호수처럼 조용히 펼쳐져 있고,

광장엔 근경 한 자쯤 되어 보이는
느티나무들 123주가 광장을 뺑 둘러
줄을 지어서 장관을 이루고 있는데…

이 아름답고 멋진 나무들
머지않아 아름드리로 자라면
여천 숙박단지는 진짜 명소가 되겠구나!

그런데 이 쾌적하고 좋은 아침 광장에
왜 노인남자들만 홀로 나와서
쓸쓸히 어정대고들 있을까!

아마도 젊은 관광객들은 어제 밤
밤새도록 즐기다가 곯아 떨어져 늦잠을 자고
할머니들은 관절이 말썽을 피워 그러시겠지?

1950년대의 농민은 봉이었습니다.
-농민의 역사-

1950년대 말까지만 해도 농민들은
이장한테 인감도장을 맡겨놓고
농협에서 외상비료를 사다 쓰고
추수 후에 갚곤 했었는데…

이장이 비료 값을 받아 유용을 해도
농협에서는 몇 년이고 덮어두었다가
연체이자만 쌓이게 해놓고
늦게 금융 사고를 터뜨려 놓고

법률수속비 말고도
연체이자까지
소급해서 강제로 받아먹었으니…

농민들의 원성은 하늘을 찌르고
농민은 농민협잡조합이란 악명 높은
농협을 저주하면서 살았으니…
그때 농민은 봉이었습니다.

내가 당한 한국전쟁 5

구이팔 수복* 후 순식간에 세상이 바뀌니
또 동네마다 이웃끼리 쫓고 쫓기는
무법천지 세상이 되었으니,
당해보지 않은 사람이 어찌 그때의
죽음 앞의 공포를 짐작이라도 할 수 있으랴!

'하나 남은 외아들 내가 죽으면
늙은 우리 부모 누가 있어 봉양할까.
아이고 아이고 아이고… '
우리 집에다 대고 똑 같은 말을 반복하며
계속 슬피 우는 사람이 있었는데,

우리 할아버지는 그 사람을 불러놓고
'자네 지금 울며 하는 소리는
나 들으라고 하는 소리지?
이제부턴 그만 우소.
절대로 나는 아무도 해치지 않을 테니까.'

그런 뒤로 우리 동넨 조용했지만…
엎치락 뒤치락 동족상잔은 끝이 없었으니
만일 한 번 더 엎어졌다면
파리 목숨 우리 민족은 어찌 되었을까?
그때 일이 너무 무서워서
60년이 지난 지금까지도 나는 도망 다니는 꿈을 꾼다.

*구이팔(9.28)수복: 1950년 6월 25일 새벽 4시 북한공산군의 남침으로 3일 만에 수도 서울이 함락되고, 마지막 최전방 낙동강을 사이에 두고 남북 간 피의 대결을 벌이다가 유엔군의 인천상륙작전이 성공되면서 수도 서울이 3개월만인 9월 28일에 수복되다.

물망초

(고석원 제 15시집)

지은이 / 고 석 원

2013. 4. 15. 초판 인쇄
2013. 4. 20. 초판 발행

펴낸곳 / 도서출판 엠-애드
펴낸이 / 이 승 한
서울시 중구 필동3가 10-1
전화 / 02)2278-8063/4
팩스 / 02)2275-8064
E-mail / madd1@hanmail.net
등록번호 / 제2-2554

마케터 / 이태영
디자이너 / 임선실
전산팀 / 임민영

정가: 7,000원

ISBN 978-89-6575-035-2 03810